하루 25분으로 태국인 앞에서 당당히 말하는

태국어
왕초보
탈출 1탄

권하연 · 시원스쿨어학연구소 지음

S 시원스쿨닷컴

태국어 왕초보 탈출 1탄

초판 7쇄 발행 2022년 10월 14일

지은이 권하연, 시원스쿨어학연구소
펴낸곳 (주)에스제이더블유인터내셔널
펴낸이 양홍걸 이시원

홈페이지 thai.siwonschool.com
주소 서울시 영등포구 국회대로74길 12 남중빌딩 시원스쿨
교재 구입 문의 02)2014-8151
고객센터 02)6409-0878

ISBN 979-11-6150-170-3
Number 1-430106-18180906-02

저자의 말

ความพยายามอยู่ที่ไหนความสำเร็จอยู่ที่นั่น
(노력이 있는 곳에, 성공이 있다)

태국어는 자음 44개, 모음 32개로 이루어져 있는 언어로 띄어쓰기도, 문장부호도 없습니다. 그래서 처음 태국어를 처음 접하는 학습자들 대다수가 '할 수 있을까?'라는 생각을 하게 됩니다. 필자 역시 태국어를 처음 접했을 때 '흰 것은 종이요, 검은 것은 글씨이다', '지렁이가 기어가는 것 같다'라는 느낌을 받았습니다.

그래서 중도에 여러 번 포기하려고 했습니다. 하지만, 태국어는 배우면 배울수록 쉽고 결코 어려운 언어는 아니라는 것을 느꼈습니다.

이 책은 필자가 '태국어를 처음 접하는 분들에게 어떤 책이 더 쉽고, 더 많은 도움이 될까?'를 끊임없이 생각하며 만든 책인만큼 필자의 공부 노하우가 반영된 책입니다.

첫째, 문자와 발음!
태국어의 자음과 모음, 성조, 기타 부호를 학습할 수 있습니다.

둘째, 한글 독음!
누구나 쉽고 빠르게 태국어를 학습할 수 있습니다.

셋째, 양보다 질!
태국 현지에서 사용하는 핵심 단어와 문장 위주로 학습할 수 있습니다.

언어를 빨리 배우는 길은 좋은 책을 만나는 것과 꾸준한 연습이라고 생각합니다. 『태국어 왕초보 탈출』을 펼쳐보신 독자분들, 필자와 함께 노력을 더하여 태국어 마스터 길로 가보시는 것을 어떨까요?

태국어를 향한 설렘을 가지고 필자와 함께 『태국어 왕초보 탈출』과 함께 시작해 보세요!! 쑤쑤-! (화이팅!)

저자 권 하 연

Contents

준비하기	태국어 문자와 발음	자음, 모음, 성조, 기타 부호	12p
1강	안녕!	인사 표현, 1/2인칭	25p
2강	저는 한국인입니다.	국적 묻기, 의문문 '무엇'	31p
3강	저는 잘 못 지내요.	안부 묻기, 부정 표현	37p
4강	회의실은 어디에 있나요?	'실례합니다' 표현, 장소 묻기	43p
5강	저는 골프치는 것을 좋아해요.	'좋아하다' 표현, 취미 묻기	49p
6강	이것은 얼마입니까?	가격 묻기, 지시대명사	55p
7강	그(저) 코끼리는 매우 커.	사물 묘사, 부사와 형용사	61p
8강	오늘은 매우 더워요.	날씨 묻기, 계동사	67p
9강	편의점은 호텔 안에 있어요.	방향 표현, 위치 묻기	73p
10강	화장실은 어떻게 가나요?	길 묻기, 장소 묻기	79p

11강	저 사람은 누구입니까?	의문사 '누구', 소유격	85p
12강	회의는 언제입니까?	의문사 '언제', 시간부사	91p
13강	회의는 12시입니다.	시간 묻기, 숫자 읽기	97p
14강	오늘은 12일입니다.	날짜 묻기, 1~12월 말하기	103p
15강	저는 태국에 갈 것입니다.	계획 묻기, 나라 이름	109p
16강	저는 대학생이 아닙니다.	부정문	115p
17강	너는 똠얌꿍을 좋아하니?	의문문	121p
18강	태국은 한국보다 덥다.	비교급	127p
19강	태국과 베트남은 서로 똑같이 덥습니다.	동급	133p
20강	똠얌꿍이 제일 맛있어요.	최상급	139p
부록	정답		150p
	단어 카드		151p

학습플랜

2개월	월	화	수	목	금
태국어 왕초보 탈출 1탄 2개월 학습플랜					
1주	자음	모음	성조 기타부호	문자와 발음 복습	
2주	1강	2강	3강	4강	1–4강 복습
3주	5강	6강	7강	8강	5–8강 복습
4주	9강	10강	11강	12강	9–12강 복습
5주	13강	14강	15강	16강	13–16강 복습
6주	17강	18강	19강	20강	17–20강 복습
7주	1–20강 단어 총 복습				
8주	1–20강 문법 총 복습				

태국어 왕초보 탈출 1탄 1개월 학습플랜				
1개월	**월**	**화**	**수**	**목**	**금**
1주	문자와 발음 1강	2강	3강	4강	5강
2주	6강	7강	8강	9강	10강
3주	11강	12강	13강	14강	15강
4주	16강	17강	18강	19강	20강

- MP3 음원을 통해 복습을 진행합니다.
- 부족한 부분은 체크해 두셨다가 완강 후, <u>1개월 동안 다시 반복해서 학습합니다.</u>

태국어 왕초보 탈출과
함께 완전 정복!!

구성과 특징

① 준비하기_태국어 문자와 발음

태국어 학습 전에, 한글 독음으로 더 쉽게 태국어 문자와 발음을 익힐 수 있도록 구성하였습니다.

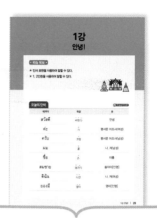

② 학습 목표&오늘의 단어

학습자 본인이 배울 핵심 내용이 무엇인지 먼저 확인하고 회화에 나오는 새 단어만 모아 미리 학습할 수 있도록 구성하였습니다.

③ 오늘의 회화&핵심 포인트

태국에서 실제로 사용하는 유용한 회화들로 구성하였고, 회화 내용에서 중요한 어법을 도식화로 쉽게 구성하였습니다.

④ 오늘의 회화 확장 연습

성별에 따라 사용하는 1인칭 표현과 어조사가 다른 태국어에 익숙해질 수 있도록 회화 확장 연습을 준비하였습니다.

5 연습문제_태국어 쓰기 연습

태국어 쓰기 연습을 통하여 중요한 단어를
한 번 더 체크하고 쓰면서 단어를 외울 수
있도록 구성하였습니다.

6 연습문제_올바른 문장 고르기

문제를 통해 앞에서 배운 내용을 복습할 수
있도록 하였습니다.

무료
콘텐츠

1 MP3 음원

원어민의 정확한 발음을 들으며
여러 번 연습해 보세요!

2 단어 카드

단어 카드를 절취선에 따라
자른 후, 휴대하며 외워 보세요!

3 쓰기 노트 PDF

어렵게 느껴지는 태국어를 직접
쓰며 연습해 보세요!

※ 무료 콘텐츠는 홈페이지 접속 > 학습지원센터 > 공부자료실에서 다운받으실 수 있습니다.

※ 시원스쿨 태국어 홈페이지(thai.siwonschool.com)에서 무료 강의를 보실 수 있습니다!

태국어
왕초보 탈출 1탄
THAI LANGUAGE

★ 준비하기 ★

🪷 준비하기 _ 태국어 문자와 발음

■ 자음 🎧 Track 00-01

태국어 자음은 총 44개로 자음마다 각각의 의미가 있습니다.
자음을 읽을 때는 먼저 자음의 음가에 모음 'ㅓ'나 'ㅡ'를 붙이고, 그 뒤에 자음의 뜻을 추가하여 읽습니다.

예 ก 자음의 음가 : ㄲ
    자음의 의미 : 닭
    자음 읽는 법 : 꺼–까이

태국어	뜻	태국어 자음의 뜻
	이름	자음 + 모음(ㅓ, ㅡ) + 자음의 뜻
	발음	초자음 또는 종자음(받침)으로 발음 시 자음의 음가

닭

꺼- 까이

ㄲ / ㄱ

달걀

커- 카이

ㅋ / ㄱ

병

커- 쿠웟

X / X

물소

커- 콰-이

ㅋ / ㄱ

사람

커- 콘

X / X

종

커- 라캉

ㅋ / ㄱ

＊발음에서 'X' 표시는 현재 사용하지 않는 자음을 나타냅니다.

	뱀 응어- 응우- 응ㅇ / ㅇ
	접시 쩌- 짜-ㄴ ㅉ / ㅅ
	징 처- 칭 ㅊ / ㅡ
	코끼리 처- 차-ㅇ ㅊ / ㅅ
	쇠사슬 쩌- 쏘- ㅆ / ㅅ
	나무 처- 츠ㅓ- ㅊ / ㅡ
	여자 여- 잉 y / ㄴ
	무용관 더- 차다- ㄷ / ㅅ

＊'y' 발음은 '이'로 시작하여 '여'로 끝나는 발음을 나타냅니다.

	창, 장대 떠- 빠딱 ㄸ / ㅅ
	받침대 터- 타-ㄴ ㅌ / ㅅ

＊발음에서 '–' 표시는 종자음으로 사용하지 않는 자음을 나타냅니다.

	몬토[인명] 터- 몬토- ㄷ, ㅌ / ㅅ		노인 터- 푸^-타오^ ㅌ / ㅅ
	사미승 너- 네-ㄴ ㄴ / ㄴ		아이, 아동 더- 덱\` ㄷ / ㅅ
	거북이 떠- 따오 ㄸ / ㅅ		봉지, 자루 터ˇ- 퉁ˇ ㅌ / ㅅ
	군인 터- 타하´-ㄴˇ ㅌ / ㅅ		깃발 터- 퉁 ㅌ / ㅅ
	쥐 너- 누ˇ- ㄴ / ㄴ		나뭇잎 버- 바이마´이 ㅂ / ㅂ

	물고기 쁘ㅓˇ- 쁠라- ㅃ / ㅂ
	벌 퍼ˇ- 픙ˆ ㅍ / ‒
	뚜껑, 마개 훠ˇ- 화ˇ- f / ‒
	쟁반 퍼ˉ- 파ˉ-ㄴ ㅍ / ㅂ

＊'f' 발음은 'ㅍ'와 'ㅎ'의 사이 발음을 나타냅니다.

	이, 치아 훠ˉ- 환 f / ㅂ
	돛단배 퍼ˇ- 쌈파오 ㅍ / ㅂ
	말 머ˉ- 마ˊ- ㅁ / ㅁ
	도깨비 여ˉ- 약 y / 이
	배 러ˉ- 르어ˉ ㄹ(r) / ㄴ
	원숭이 러ˉ- 링 ㄹ(l) / ㄴ

＊'r' 발음은 혓바닥을 떠는 발음을 나타냅니다.

	반지 워- 왜-ㄴ 워 / 우
	정자 써- 싸-ㄹ라 ㅆ / ㅅ
	수도자 써- 르-씨- ㅆ / ㅅ
	호랑이 써- 쓰어 ㅆ / ㅅ
	상자 허- 히-ㅂ ㅎ / ㅡ
	연 이름 러- 쭈라 ㄹ / ㄴ
	대야 어- 아-ㅇ ㅇ / ㅡ
	부엉이 허- 녹후-ㄱ ㅎ / ㅡ

■ 모음 🎧 Track 00-02

태국어의 모음은 총 32개로 태국어의 기본모음, 이중모음, 음절모음 그리고 산스크리트어 모음으로 크게 4가지로 나누어집니다. 태국어의 모음 발음은 단모음과 장모음으로 나누어 집니다. 단모음은 짧게 소리를 내 발음하고, 장모음은 길게 소리를 내 발음합니다.

특히 'ᒻ-ᒪᐟ(으ㅓ)'와 'ᒻ-ᒪ(으ㅓ-)'의 발음은 한국어에 없는 발음으로 '으'와 '어'의 중간음 '으ㅓ' 또는 '으ㅓ-'로 발음합니다.

태국어	종류	태국어 모음의 종류 네 가지
	단/장모음	단모음 / 장모음의 구분
	발음	모음 발음법

ะ	기본모음 단모음 아	ก	기본모음 장모음 아-

ิ	기본모음 단모음 이	ี	기본모음 장모음 이-

ึ	기본모음 단모음 으	ื	기본모음 장모음 으-

	기본모음
า	단모음
	우

	기본모음
ๅ	장모음
	우ー

	기본모음
เๅะ	단모음
	에

	기본모음
เๅ	장모음
	에ー

	기본모음
แๅะ	단모음
	애

	기본모음
แๅ	장모음
	애ー

	기본모음
โๅะ	단모음
	오

	기본모음
โๅ	장모음
	오ー

เ◌าะ	기본모음 / 단모음 / 어
 ◌อ	기본모음 / 장모음 / 어-
เ◌อะ	기본모음 / 단모음 / 으어
 เ◌อ	기본모음 / 장모음 / 으어-
เ◌ียะ	이중모음 / 단모음 / 이야
 เ◌ีย	이중모음 / 장모음 / 이-야
เ◌ือะ	이중모음 / 단모음 / 으어
 เ◌ือ	이중모음 / 장모음 / 으-어

| วะ | 이중모음
단모음
우워 | ว | 이중모음
장모음
우–워 |

| ไ | 음절모음
단모음
아이 | ใ | 음절모음
단모음
아이 |

| เา | 음절모음
단모음
아오 | ำ | 음절모음
단모음
암 |

| ฤ | 산스크리트어
모음
단모음
르(r), 리(r), 르ㅓ(r) | ฤๅ | 산스크리트어
모음
장모음
르–(r) |

| ฦ | 산스크리트어
모음
단모음
르(l) | ฦๅ | 산스크리트어
모음
장모음
르–(l) |

■ 성조

태국어는 자음, 모음 그리고 성조로 구성되어 있습니다. 성조는 한 음절을 발음할 때에 나타내는 음의 높낮이로 태국어는 총 5개의 성조(평성, 1성, 2성, 3성, 4성)로 이루어져 있습니다. 태국어 성조 문자 표기는 무형 성조와 유형 성조가 있으며, 성조를 표기할 경우 자음 위에 표기하고, 자음 위에 모음이 있을 경우에는 모음 위에 성조를 표기합니다.

» 성조 문자 표기

평성
평성은 표기 문자가 없습니다.
같은 높이의 음을 지속하는 소리

1성	2성
◗	⌣
내려오는 소리	올라갔다 내려오는 소리

3성	4성
๗	✚
올라가는 소리	내려갔다 올라가는 소리

» 성조 발음 방법 🎧 Track 00-03

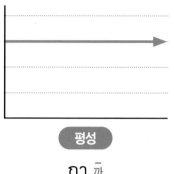

평성

ㄲㅏ 까

성조를 여러 번
듣고 연습해보세요!

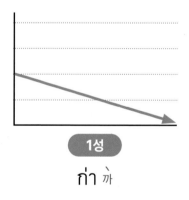

1성

ㄲㅏ 까

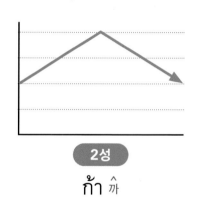

2성

ㄲㅏ 까

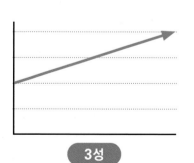

3성

ㄲㅏ 까

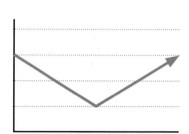

4성

ㄲㅏ 까

1

ๆ

ม้า이야̀목

단어나 구의 반복을 표시하거나 의미를 강조할 때 사용합니다.

예 จริง [찡] ⇒ จริงๆ [찡찡] : 진짜

2

ฯ

빠̄이야̀-ㄴ너́-이

긴 단어나 구(명칭)를 생략할 때 사용합니다.

예 กรุงเทพมหานคร [끄룽테̄-ㅂ마하̀-나커́-ㄴ]

⇒ กรุงเทพฯ [끄룽테̄-ㅂ] : 방콕

3

ฯลฯ

빠̄이야̀-ㄴ야̀이

기타 등등의 의미로 사용하며 '라'라고 발음합니다.

예 เกาหลี จีน ญี่ปุ่น ฯลฯ [까올리̌-짜-ㄴ 이-뿐 라]

: 한국, 중국, 일본 등

4

◌์

마̀이타ᄂ타카̀-ㅅ

발음하지 않는 자음을 표시할 때 자음 위에 표시하여 사용합니다.

예 อาจารย์ [아-짜-ㄴ] : 교수

5

◌็

마̀이따̀이쿠̀-

단모음 'เ-ะ'와 'แ-ะ'에 종자음이 올 경우 'เ◌็'와 'แ◌็'의 형태로 표기하여 사용합니다.

예 เดะ + ก = เด็ก [덱] : 아이

แขะ + ง = แข็ง [캥] : 단단하다

1강
안녕!

• 학습 목표 •

■ 인사 표현을 사용하여 말할 수 있다.
■ 1, 2인칭을 사용하여 말할 수 있다.

오늘의 단어

Track 01-01

태국어	독음	뜻
สวัสดี	싸왓디-	안녕
ค่ะ	카	평서문 어조사(여성)
ครับ	크랍	평서문 어조사(남성)
ผม	폼	나, 저(남성)
ชื่อ	츠-	이름
สมชาย	쏨차-이	쏨차이[인명]
ดิฉัน	디찬	나, 저(여성)
ยองมี	여-ㅇ미-	영미[인명]

＊최근 태국어 회화에서는 '디찬'과 '찬'을 3성으로 발음하는 것을 선호하는 추세입니다.

오늘의 회화

» 인사 표현 사용하여 말하기

🎧 Track 01-02

싸왔디- 카

영미 **สวัสดี ค่ะ** 안녕하세요.

싸왔디- 크랍

쏨차이 **สวัสดี ครับ** 안녕하세요.

» 이름 말하기

🎧 Track 01-03

폼 츠- 쏨차이 크랍

쏨차이 **ผม ชื่อ สมชาย ครับ** 제 이름은 쏨차이입니다.

디찬 츠- 영미 카

영미 **ดิฉัน ชื่อ ยองมี ค่ะ** 제 이름은 영미입니다.

🔺 핵심 포인트

❖ 1, 2인칭

1인칭	ผม	폼	나, 저(남성) [격식]
	ดิฉัน	디찬	나, 저(여성) [격식]
	ฉัน	찬	내(남녀 공용) [비격식]
	เรา	라오	우리
2인칭	คุณ	쿤	당신, ~씨(氏)
	ท่าน	타-ㄴ	선생님(윗사람, 계급, 나이가 많은 분에게 사용)

» 성별을 구분하여 연습하기   🎧 Track 01-04

 여자

A 싸왓디- 카 디찬 츠- 여-ㅇ미- 카

สวัสดี ค่ะ ดิฉัน ชื่อ ยองมี ค่ะ

안녕하세요. 제 이름은 영미입니다.

🙂 남자

A 싸왓디- 크랍 폼 츠- 쏨차-이 크랍

สวัสดี ครับ ผม ชื่อ สมชาย ครับ

안녕하세요. 제 이름은 쏨차이입니다.

 왕초보 팁!

❖ **성별에 따른 어조사**

남자	ครับ	크랍	평서문, 의문문 어조사
여자	ค่ะ	카	평서문 어조사
	คะ	카	의문문 어조사

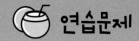 연습문제

1. 태국어 쓰기 연습하기

🎧 Track 01-05

태국어 자음

	ก	한글 독음	‾ ＼ 꺼- 까이
		뜻	닭

ก ก ก ก ก

ก ก ก ก ก

	ก	한글 독음	ㆍ ㆍ 커- 카이
		뜻	달걀

ก　ก　ก　ก　ก

ก　ก　ก　ก　ก

2. 다음 중 올바른 문장 고르기

1

① 싸왓디- 크랍
สวัสดี ครับ

② 싸왓디- 디찬
สวัสดี ดิฉัน

2

① 폼 츠- 쏨차-이 크랍
ผม ชื่อ สมชาย ครับ

② 디찬 츠- 쏨차-이 크랍
ดิฉัน ชื่อ สมชาย ครับ

3

① 디찬 츠- 여-ㅇ미- 카
ดิฉัน ชื่อ ยองมี ค่ะ

② 츠- 여-ㅇ미- 디찬 카
ชื่อ ยองมี ดิฉัน ค่ะ

2강
저는 한국인입니다.

• 학습 목표 •

- ■ 국적을 묻고 답할 수 있다.
- ■ 의문문 '무엇'을 사용하여 말할 수 있다.

오늘의 단어

🎧 Track 02-01

태국어	독음	뜻
คุณ	쿤	당신, ~씨
เป็น	뻰	~이다
คน	콘	사람, ~인
ประเทศ	쁘라테-ㅅ	나라
อะไร	아라이	무엇, 어느
ครับ	크랍	의문문 어조사(남성)
เกาหลี	까올리-	한국
คะ	카	의문문 어조사(여성)

오늘의 회화

» 국적 묻고 답하기

🎧 Track 02-02

쿤 뻰 콘 쁘라테-ㅅ 아라이 크랍

쏨차이 คุณ เป็น คน ประเทศ อะไร ครับ

당신은 어느 나라 사람입니까?

디찬 뻰 콘 까올리- 카

영미 ดิฉัน เป็น คน เกาหลี ค่ะ

저는 한국인입니다.

 핵심 포인트

❖ **태국어 기본 어순**

주어 + 술어 + 목적어	➡	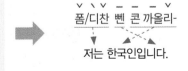

» 성별을 구분하여 연습하기

🎧 Track 02-03

 여자

쿤 ‾ 뻰 ‾ 콘 ‾ 쁘라테-ㅅ ‵̂ 아라이 ‵ 카 ̌

A คุณ เป็น คน ประเทศ อะไร คะ

당신은 어느 나라 사람입니까?

디찬 ‵̌ 뻰 ‾ 콘 ‾ 까올리- ‾‿ 카 ̂

B ดิฉัน เป็น คน เกาหลี ค่ะ

저는 한국인입니다.

 남자

쿤 ‾ 뻰 ‾ 콘 ‾ 쁘라테-ㅅ ‵̂ 아라이 ‵ 크랍 ́

A คุณ เป็น คน ประเทศ อะไร ครับ

당신은 어느 나라 사람입니까?

폼 ̌ 뻰 ‾ 콘 ‾ 까올리- ‾‿̌ 크랍 ́

B ผม เป็น คน เกาหลี ครับ

저는 한국인입니다.

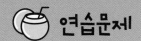 연습문제

1. 태국어 쓰기 연습하기

🎧 Track 02-04

태국어 자음			
	ขวด	한글 독음	ˇ ˋ 커- 쿠웟
		뜻	병

ขวด　　ขวด　　ขวด　　ขวด　　ขวด

ขวด　　ขวด　　ขวด　　ขวด　　ขวด

태국어 자음			
	ค	한글 독음	커- 콰-이
		뜻	물소

ค ค ค ค ค

ค ค ค ค ค

2. 다음 중 올바른 문장 고르기

1

① 쿤 뺀 콘 쁘라테-ㅅ 아라이 크랍
คุณ เป็น คน ประเทศ อะไร ครับ

② 쿤 아라이 쁘라테-ㅅ 콘 뺀 크랍
คุณ อะไร ประเทศ คน เป็น ครับ

2

① 폼 콘 까올리- 뺀 크랍
ผม คน เกาหลี เป็น ครับ

② 디찬 뺀 콘 까올리- 카
ดิฉัน เป็น คน เกาหลี ค่ะ

3

① 디찬 뺀 콘 까올리- 크랍
ดิฉัน เป็น คน เกาหลี ครับ

② 디찬 뺀 콘 까올리- 카
ดิฉัน เป็น คน เกาหลี ค่ะ

3강
저는 잘 못 지내요.

■ 안부를 묻고 답할 수 있다.

■ 부정 표현을 사용하여 말할 수 있다.

오늘의 단어   🎧 Track 03-01

태국어	독음	뜻
สบาย	싸바-이	편안하다
ดี	디-	좋다
ไหม	마이	의문사
ไม่	마이	아니다

» 안부 묻고 답하기

🎧 Track 03-02

쏨차이

` ー ＞ ＞ ˇ ／
싸바-이 디- 마이 크랍

สบาย ดี ไหม ครับ

잘 지내시나요?

철수

` ー ＞ ／
싸바-이 디- 크랍

สบาย ดี ครับ

잘 지내요.

» 부정문 사용하여 묻고 답하기

🎧 Track 03-03

철수

ˇ ^ ` ー ／
폼 마이 싸바-이 크랍

ผม ไม่ สบาย ครับ

저는 잘 못 지내요(아파요).

 핵심 포인트

❖ 부정문

| 주어 + 마이 + 동사 | ➡ | ˇ ＼ ^ ー
폼/디찬 마이 싸바-이
저는 잘 못 지내요. |

🎧 Track 03-04

» 성별을 구분하여 연습하기

 여자

싸바-이 디- 마이 카

A สบาย ดี ไหม คะ

잘 지내시나요?

싸바-이 디- 카 디찬 마이 싸바-이 카

B สบาย ดี ค่ะ / ดิฉัน ไม่ สบาย ค่ะ

잘 지내요. / 저는 잘 못 지내요(아파요).

 남자

싸바-이 디- 마이 크랍

A สบาย ดี ไหม ครับ

잘 지내시나요?

싸바-이 디- 크랍 폼 마이 싸바-이 크랍

B สบาย ดี ครับ / ผม ไม่ สบาย ครับ

잘 지내요. / 저는 잘 못 지내요(아파요).

🧘 **왕초보 팁!**

❖ **의문사 มั้ย**

의문사	ไหม	มั้ย

평서문(현재, 미래 문장) 끝에 의문사 ไหม(마이)를 사용하여 의문문을 만듭니다.
부정문과 과거 문장에는 사용할 수 없습니다.

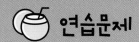
1. 태국어 쓰기 연습하기

🎧 Track 03-05

태국어 자음

	ค	한글 독음	ㅡ ㅡ 커- 콘
		뜻	사람

태국어 자음

	ฒ	한글 독음	– / – 커-라캉
		뜻	종

ฒ ฒ ฒ ฒ ฒ

ฒ ฒ ฒ ฒ ฒ

2. 다음 중 올바른 문장 고르기

1

① 디- 싸바-이 마이 크랍
ดี สบาย ไหม ครับ

② 싸바-이 디- 마이 크랍
สบาย ดี ไหม ครับ

③ 디- 마이 싸바-이 크랍
ดี ไหม สบาย ครับ

2

① 폼 싸바-이 마이 크랍
ผม สบาย ไม่ ครับ

② 폼 마이 싸바-이 크랍
ผม ไม่ สบาย ครับ

③ 마이 폼 싸바-이 크랍
ไม่ ผม สบาย ครับ

4강
회의실은 어디에 있나요?

• 학습 목표 •

- '실례합니다' 표현을 사용하여 말할 수 있다.
- 장소를 묻고 답할 수 있다.

오늘의 단어

🎧 Track 04-01

태국어	독음	뜻
ขอโทษ	커-토-ㅅ	실례합니다
ห้องประชุม	허-ㅇ쁘라춤	회의실
อยู่	유-	있다
ที่	티-	~에(장소)
ไหน	나이	어디
ชั้น	찬	층
สาม	싸-ㅁ	3, 셋
ขอบคุณ	커-ㅂ쿤	감사합니다

» 장소 묻고 답하기   Track 04-02

커-토-ㅅ 크랍   허-ㅇ쁘라춤   유- 티- 나이 크랍

쏨차이

ขอโทษ ครับ ห้องประชุม อยู่ ที่ ไหน ครับ

실례합니다, 회의실은 어디에 있나요?

허-ㅇ쁘라춤   유- 찬 싸-ㅁ 크랍

철수

ห้องประชุม อยู่ ชั้น สาม ครับ

회의실은 3층에 있습니다.

» 감사 표현 사용하여 묻고 답하기   Track 04-03

커-ㅂ쿤 크랍

철수

ขอบคุณ ครับ

감사합니다.

핵심 포인트

❖ 실례합니다	❖ 어디에
커-토-ㅅ + 문장	주어 + 동사 + 티- 나이
커-토-ㅅ 크랍 허-ㅇ쁘라춤 유- 티- 나이 크랍	허-ㅇ쁘라춤 유- 티- 나이 크랍
실례합니다. 회의실은 어디에 있나요?	회의실은 어디에 있나요?

» 성별을 구분하여 연습하기

🎧 Track 04-04

여자

⌄ ⌃ ⌃   ⌃ ⌄ −   ⌄   ⌄   ⌃
커-토-ㅅ   카   허-ㅇ쁘라춤   유- 티- 나이 카

A ขอโทษ ค่ะ ห้องประชุม อยู่ ที่ ไหน คะ

실례합니다, 회의실은 어디에 있나요?

⌃ ⌄ −   ⌄   ⌃   ⌃   ⌃
허-ㅇ쁘라춤   유- 찬 싸-ㅁ 카

B ห้องประชุม อยู่ ชั้น สาม ค่ะ

회의실은 3층에 있습니다.

⌄ −   ⌃
커-ㅂ쿤   카

A ขอบคุณ ค่ะ

감사합니다.

남자

⌄ ⌃   ⌃   ⌃ ⌄ −   ⌄   ⌃   ⌄   ⌃
커-토-ㅅ   크랍   허-ㅇ쁘라춤   유- 티- 나이 크랍

A ขอโทษ ครับ ห้องประชุม อยู่ ที่ ไหน ครับ

실례합니다, 회의실은 어디에 있나요?

⌃ ⌄ −   ⌄   ⌃   ⌃   ⌃
허-ㅇ쁘라춤   유- 찬 싸-ㅁ 크랍

B ห้องประชุม อยู่ ชั้น สาม ครับ

회의실은 3층에 있습니다.

⌄ −   ⌃
커-ㅂ쿤   크랍

A ขอบคุณ ครับ

감사합니다.

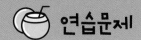

연습문제

1. 태국어 쓰기 연습하기

Track 04-05

태국어 자음

	ง	한글 독음	응어- 응우-
		뜻	뱀

ง   ง   ง   ง   ง

ง   ง   ง   ง   ง

태국어 자음			
(접시 그림)	๑	한글 독음	‾ ‾ 쩌- 짜-ㄴ
		뜻	접시

๑	๑	๑	๑	๑

๑	๑	๑	๑	๑

2. 다음 중 올바른 문장 고르기

1

① 크랍 유- 허-ㅇ쁘라춤 커-토-ㅅ 티- 나이 크랍

ครับ อยู่ ห้องประชุม ขอโทษ ที่ ไหน ครับ

② 크랍 유- 티- 나이 허-ㅇ쁘라춤 크랍 커-토-ㅅ

ครับ อยู่ ที่ ไหน ห้องประชุม ครับ ขอโทษ

③ 커-토-ㅅ 크랍 허-ㅇ쁘라춤 유- 티- 나이 크랍

ขอโทษ ครับ ห้องประชุม อยู่ ที่ ไหน ครับ

2

① 유- 찬 허-ㅇ쁘라춤 싸-ㅁ 크랍

อยู่ ชั้น ห้องประชุม สาม ครับ

② 허-ㅇ쁘라춤 싸-ㅁ 찬 크랍 유-

ห้องประชุม สาม ชั้น ครับ อยู่

③ 허-ㅇ쁘라춤 유- 찬 싸-ㅁ 크랍

ห้องประชุม อยู่ ชั้น สาม ครับ

5강
저는 골프 치는 것을 좋아해요.

• 학습 목표 •

■ '좋아하다' 표현을 사용하여 말할 수 있다.

■ 취미를 묻고 답할 수 있다.

오늘의 단어

🎧 Track 05-01

태국어	독음	뜻
ชอบ	처-ㅂ	좋아하다
ตี	띠-	치다, 때리다
กอล์ฟ	꺼-ㅂ	골프
เล่น	레-ㄴ	(운동을) 하다, 놀다
ฟุตบอล	풋버-ㄴ	축구

» 취미 묻고 답하기

🎧 Track 05-02

쏨차이

쿤 처-ㅂ 아라이 크랍
คุณ ชอบ อะไร ครับ

당신은 무엇을 좋아해요?

철수

폼 처-ㅂ 띠- 꺼-ㅂ 크랍
ผม ชอบ ตี กอล์ฟ ครับ

저는 골프 치는 것을 좋아해요.

쏨차이

쿤 처-ㅂ 아라이 크랍
คุณ ชอบ อะไร ครับ

당신은 무엇을 좋아해요?

영미

디찬 처-ㅂ 레-ㄴ 풋버-ㄴ 카
ดิฉัน ชอบ เล่น ฟุตบอล ค่ะ

저는 축구하는 것을 좋아해요.

핵심 포인트

❖ **좋아하다**

주어 + 처-ㅂ + 목적어	➡	폼/디찬 처-ㅂ 띠- 꺼-ㅂ

저는 골프 치는 것을 좋아해요.

» 성별을 구분하여 연습하기   🎧 Track 05-03

 여자

쿤   처-ㅂ   아라이   카

A   คุณ ชอบ อะไร คะ

당신은 무엇을 좋아해요?

디찬   처-ㅂ   띠- 꺼-ㅂ   레-ㄴ   풋버-ㄴ   카

B   ดิฉัน ชอบ ตี กอล์ฟ (เล่น ฟุตบอล) ค่ะ

저는 골프 치는 (축구하는) 것을 좋아해요.

남자

쿤   처-ㅂ   아라이   크랍

A   คุณ ชอบ อะไร ครับ

당신은 무엇을 좋아해요?

폼   처-ㅂ   띠- 꺼-ㅂ   레-ㄴ   풋버-ㄴ   크랍

B   ผม ชอบ ตี กอล์ฟ (เล่น ฟุตบอล) ครับ

저는 골프 치는 (축구하는) 것을 좋아해요.

🧘 왕초보 팁!

❖ 스포츠 관련 어휘

탁구를 치다	เล่น ปิงปอง	레-ㄴ 삥뻐-ㅇ
배구를 하다	เล่น วอลเลย์บอล	레-ㄴ 워-ㄴ레-버-ㄴ

연습문제

1. 태국어 쓰기 연습하기

Track 05-04

태국어 자음

		한글 독음	ˇ ˋ 처- 칭
	ฉ	뜻	징

ฉ　　ฉ　　ฉ　　ฉ　　ฉ

ฉ　　ฉ　　ฉ　　ฉ　　ฉ

	ฮ	한글 독음	‾ ´ 처- 차-ㅇ
		뜻	코끼리

ฮ   ฮ   ฮ   ฮ   ฮ

ฮ   ฮ   ฮ   ฮ   ฮ

2. 다음 중 올바른 문장 고르기

1

① 쿤 아라이 처-ㅂ 크랍
  คุณ อะไร ชอบ ครับ

② 쿤 처-ㅂ 아라이 크랍
  คุณ ชอบ อะไร ครับ

③ 처-ㅂ 쿤 아라이 크랍
  ชอบ คุณ อะไร ครับ

2

① 폼 띠- 크랍 꺼-ㅂ 처-ㅂ
  ผม ตี ครับ กอล์ฟ ชอบ

② 폼 꺼-ㅂ 띠- 크랍 처-ㅂ
  ผม กอล์ฟ ตี ครับ ชอบ

③ 폼 처-ㅂ 띠- 꺼-ㅂ 크랍
  ผม ชอบ ตี กอล์ฟ ครับ

6강
이것은 얼마입니까?

- 가격을 묻고 답할 수 있다.
- 지시대명사를 사용하여 말할 수 있다.

오늘의 단어		Track 06-01
태국어	**독음**	**뜻**
นี่	니-	이, 이것(지시대명사)
เท่าไร	타오라이	얼마
สิบ	씹	10, 열
บาท	바-ㅅ	바트[태국 돈 단위]
นั่น	난	그, 그것(지시대명사)
สามสิบ	싸-ㅁ씹	30, 서른
โน่น	노-ㄴ	저, 저것(지시대명사)

» 가격 묻고 답하기

🎧 Track 06-02

철수

니-ˆ 타오라이ˆ‾ 크랍ˊ

นี่ เท่าไร ครับ

이것은 얼마입니까?

점원

니-ˆ 씹ˋ 바-ˋㅅ 크랍ˊ

นี่ สิบ บาท ครับ

이것은 10바트입니다.

철수

난ˆ 타오라이ˆ‾ 크랍ˊ

นั่น เท่าไร ครับ

그것은 얼마입니까?

점원

난ˆ 싸-ˇㅁ씹ˋ 바-ˋㅅ 크랍ˊ

นั่น สามสิบ บาท ครับ

그것은 30바트입니다.

핵심 포인트

❖ **가격 묻고 답하기**

지시대명사 + 타ˆ오라이‾	지시대명사 + (동사) + 보어
니-ˆ 타ˆ오라이‾	니-ˆ 싸-ˇㅁ 바-ˋㅅ
이것은 얼마입니까?	이것은 3바트입니다.

» 성별을 구분하여 연습하기   🎧 Track 06-03

 여자

^니- ^노-ㄴ ^타오라이 ⎻ ⁄카

A นี่ (โน่น) เท่าไร คะ

이것(저것)은 얼마입니까?

^니- ⌄씹 ^바ㅅ ⌄카 / ^노-ㄴ ⌄싸-ㅁ씹 ⌄바ㅅ ^카

B นี่ สิบ บาท ค่ะ / โน่น สามสิบ บาท ค่ะ

이것은 10바트입니다. / 저것은 30바트입니다.

😊 남자

^니- ^노-ㄴ ^타오라이 ⁄크랍

A นี่ (โน่น) เท่าไร ครับ

이것은 얼마입니까? / 저것은 얼마입니까?

^니- ⌄씹 ^바ㅅ ⁄크랍 / ^노-ㄴ ⌄싸-ㅁ씹 ^바ㅅ ⁄크랍

B นี่ สิบ บาท ครับ / โน่น สามสิบ บาท ครับ

이것은 10바트입니다. / 저것은 30바트입니다.

🔺 왕초보 팁!

❖ 지시대명사

이, 이것	นี่	^니-
그, 그것	นั่น	^난
저, 저것	โน่น	^노-ㄴ

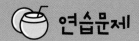

1. 태국어 쓰기 연습하기

🎧 Track 06-04

태국어 자음

		한글 독음	─ ^ 써- 쏘-
	ฆ	뜻	쇠사슬

	ฌ	한글 독음	처- 츠ㅓ-
		뜻	나무

ฌ   ฌ   ฌ   ฌ   ฌ

ฌ   ฌ   ฌ   ฌ   ฌ

2. 다음 중 올바른 문장 고르기

1

① 니- 크랍 타오라이
นี่ ครับ เท่าไร

② 타오라이 니- 크랍
เท่าไร นี่ ครับ

③ 니- 타오라이 크랍
นี่ เท่าไร ครับ

2

① 바-ㅅ 씹 크랍 니-
บาท สิบ ครับ นี่

② 바-ㅅ 씹 크랍 니-
บาท สิบ ครับ นี่

③ 니- 씹 바-ㅅ 크랍
นี่ สิบ บาท ครับ

7강
그(저) 코끼리는 매우 커.

- 사물을 묘사할 수 있다.
- 부사와 형용사를 사용하여 말할 수 있다.

오늘의 단어

Track 07-01

태국어	독음	뜻
เห็น	헨ˇ	보다
ช้าง	차-ㅇ´	코끼리
ตัว	뚜-워	마리(동물의 유별사)
นั้น	난´	그(저)(지시형용사)
ใหญ่	야이`	크다
มาก	마-ㄱ^	매우
หมา	마ˇ	강아지
เร็ว	레우	빠르다

오늘의 회화

» 형용사 사용하여 묻고 답하기

Track 07-02

쏨차이

헨　차ㅇ́　뚜-워̄　난́　마이̌

เห็น ช้าง ตัว นั้น ไหม

그(저) 코끼리가 보이니?

쑤다

차ㅇ́　뚜-워̄　난́　야이̀　마-ㄱ̂

ช้าง ตัว นั้น ใหญ่ มาก

그(저) 코끼리는 매우 커.

쏨차이

헨̌　마̌　뚜-워̄　난́　마이̌

เห็น หมา ตัว นั้น ไหม

그(저) 강아지 보이니?

쑤다

마̌　뚜-워̄　난́　레우́　마-ㄱ̂

หมา ตัว นั้น เร็ว มาก

그(저) 강아지는 매우 빨라.

🧘 **핵심 포인트**

❖ **부사**

주어 + 형용사 + 부사	➡️	차ㅇ́ 뚜-워̄ 난́ 야이̀ 마-ㄱ̂ 그(저) 코끼리는 매우 커.

» 성별을 구분하여 연습하기

🎧 Track 07-03

 여자

A
ห็น ช้าง ตัว นั้น ไหม
เห็น ช้าง ตัว นั้น ไหม
그(저) 코끼리가 보이니?

B
ช้าง ตัว นั้น ใหญ่ มาก
ช้าง ตัว นั้น ใหญ่ มาก
그(저) 코끼리는 매우 커.

남자

A
เห็น หมา ตัว นั้น ไหม
เห็น หมา ตัว นั้น ไหม
그(저) 강아지 보이니?

B
หมา ตัว นั้น เร็ว มาก
หมา ตัว นั้น เร็ว มาก
그(저) 강아지는 매우 빨라.

 왕초보 팁!

❖ **형용사 반의어**

크다	ใหญ่ 야이	빠르다	เร็ว 레우
작다	เล็ก 렉	느리다	ช้า 차-

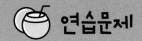

1. 태국어 쓰기 연습하기

🎧 Track 07-04

태국어 자음

	ญ	한글 독음	⁻ ˇ 여-잉
		뜻	여자

ญ ญ ญ ญ ญ

ญ ญ ญ ญ ญ

	ฌ	한글 독음	– ´ – 더- 차다-
		뜻	무용관

2. 다음 중 올바른 문장 고르기

1

① 차↗ㅇ 뚜ー워 난↘ 야↘이 마↑ㄱ
ช้าง ตัว นั้น ใหญ่ มาก

② 난↘ 차↗ㅇ 뚜ー워 마↑ㄱ 야↘이
นั้น ช้าง ตัว มาก ใหญ่

③ 차↗ㅇ 난↘ 마↑ㄱ 야↘이 뚜ー워
ช้าง นั้น มาก ใหญ่ ตัว

2

① 헨ˇ 난↗ 마ˇ 마ˇ이 뚜ー워
เห็น นั้น หมา ไหม ตัว

② 헨ˇ 마ˇ 뚜ー워 난↗ 마ˇ이
เห็น หมา ตัว นั้น ไหม

③ 난↗ 헨ˇ 뚜ー워 마ˇ이 마ˇ
นั้น เห็น ตัว ไหม หมา

8강
오늘은 매우 더워요.

오늘의 단어

태국어	독음	뜻
วันนี้	완니-	오늘
อากาศ	아-까-ㅅ	날씨
อย่างไร	야-으라이	어떠하다
ร้อน	러-ㄴ	덥다, 뜨겁다
มี	미-	있다
เมฆ	메-ㄱ	구름

» 날씨 묻고 답하기

🎧 Track 08-02

영미

완니- 아-까-ㅅ 뻰 야`-ㅇ라이 카´

วันนี้ อากาศ เป็น อย่างไร คะ

오늘 날씨는 어때요?

쑤다

완니- 러-ㄴ 마-ㄱ 카^

วันนี้ ร้อน มาก ค่ะ

오늘은 매우 더워요.

쏨차이

완니- 아-까-ㅅ 뻰 야`-ㅇ라이 크랍

วันนี้ อากาศ เป็น อย่างไร ครับ

오늘 날씨는 어때요?

철수

완니- 미- 메-ㄱ 크랍

วันนี้ มี เมฆ ครับ

오늘은 매우 흐려요.

핵심 포인트

❖ **어때요?**

시간부사 + 주어 + 뻰 + 야`-ㅇ라이

완니- 아-까-ㅅ 뻰 야`-ㅇ라이

오늘 날씨는 어때요?

» 성별을 구분하여 연습하기

🎧 Track 08-03

 여자

A

완니- 아-까ㅅ 뻰 야ˋ-ㅇ라이 카ˊ

วันนี้ อากาศ เป็น อย่างไร คะ

오늘 날씨는 어때요?

B

완니- 러-ㄴ 마-ㄱ 미- 메-ㄱ 카ˆ

วันนี้ ร้อน มาก (มี เมฆ) ค่ะ

오늘은 매우 더워요(흐려요).

남자

A

완니- 아-까ㅅ 뻰 야ˋ-ㅇ라이 크랍ˊ

วันนี้ อากาศ เป็น อย่างไร ครับ

오늘 날씨는 어때요?

B

완니- 러-ㄴ 마-ㄱ 미- 메-ㄱ 크랍ˊ

วันนี้ ร้อน มาก (มี เมฆ) ครับ

오늘은 매우 더워요(흐려요).

 왕초보 팁!

❖ 계동사

เป็น : 뻰-

'뻰'은 '~이다'라는 뜻을 가지고 있는 연계동사입니다.
'어떻게'라는 의문사 앞에 '뻰'이 올 경우는 '어때?' 혹은 '어때요?'라고 해석합니다.

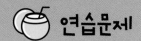 연습문제

1. 태국어 쓰기 연습하기

Track 08-04

태국어 자음

		한글 독음	＿ ＼＼ 떠- 빠딱
		뜻	창, 장대

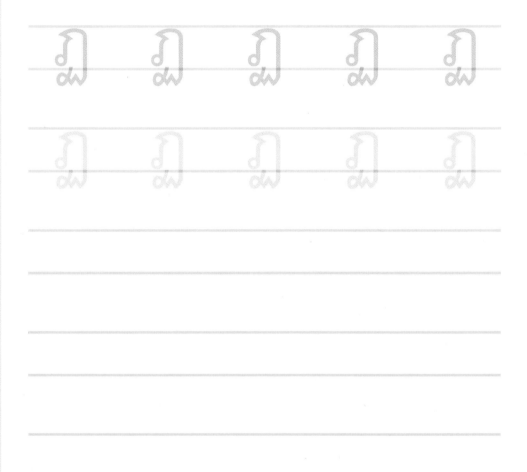

	ฐ	한글 독음	ˇ ˇ 터- 타ㄴ
		뜻	받침대

2. 다음 중 올바른 문장 고르기

1

① 완니- 러-ㄴ 마^ㄱ 카^
วันนี้ ร้อน มาก ค่ะ

② 러-ㄴ 완니- 마^ㄱ 카^
ร้อน วันนี้ มาก ค่ะ

③ 완니- 마^ㄱ 러-ㄴ 카^
วันนี้ มาก ร้อน ค่ะ

2

① 완니- 야`ㅇ라이 아-까`ㅅ 뻰 크랍
วันนี้ อย่างไร อากาศ เป็น ครับ

② 아-까`ㅅ 뻰 야`ㅇ라이 완니- 크랍
อากาศ เป็น อย่างไร วันนี้ ครับ

③ 완니- 아-까`ㅅ 뻰 야`ㅇ라이 크랍
วันนี้ อากาศ เป็น อย่างไร ครับ

9강
편의점은 호텔 안에 있어요.

- 방향 표현을 사용하여 말할 수 있다.
- 위치를 묻고 답할 수 있다.

오늘의 단어

Track 09-01

태국어	독음	뜻
ร้านสะดวกซื้อ	라-ㄴ 싸두-웍쓰-	편의점
ใน	나이	~안(에)
โรงแรม	로-ㅇ래-ㅁ	호텔
หน้า	나-	~앞(에)

» 위치 묻고 답하기

🎧 Track 09-02

영미

라-ㄴ싸두-웍쓰-　유-　티-　나이　카

ร้านสะดวกซื้อ อยู่ ที่ ไหน คะ

편의점은 어디에 있나요?

쑤다

라-ㄴ싸두-웍쓰-　유-　나이　로-ㅇ래-ㅁ　카

ร้านสะดวกซื้อ อยู่ ใน โรงแรม ค่ะ

편의점은 호텔 안에 있어요.

··

쏨차이

라-ㄴ싸두-웍쓰-　유-　티-　나이　크랍

ร้านสะดวกซื้อ อยู่ ที่ ไหน ครับ

편의점은 어디에 있나요?

철수

라-ㄴ싸두-웍쓰-　유-　나-　로-ㅇ래-ㅁ　크랍

ร้านสะดวกซื้อ อยู่ หน้า โรงแรม ครับ

편의점은 호텔 앞에 있어요.

핵심 포인트

❖ **방향을 나타내는 어휘**

왼쪽	ข้างซ้าย 카-ㅇ싸-이	안쪽	ข้างใน 카-ㅇ나이
오른쪽	ข้างขวา 카-ㅇ콰-	뒤쪽	ข้างหลัง 카-ㅇ랑
위쪽	ข้างบน 카-ㅇ본	앞쪽	ข้างหน้า 카-ㅇ나-
아래쪽	ข้างใต้ 카-ㅇ따이		

» 성별을 구분하여 연습하기 　　　　　　　　　🎧 Track 09-03

 여자

라-ㄴ싸두-웍쓰-　　유-　티-　나이　카

A　ร้านสะดวกซื้อ อยู่ ที่ ไหน คะ

편의점은 어디에 있나요?

라-ㄴ싸두-웍쓰-　　유-　나이　나̂　로-ㅇ래-ㅁ　카̂

B　ร้านสะดวกซื้อ อยู่ ใน (หน้า) โรงแรม ค่ะ

편의점은 호텔 안(앞)에 있어요.

 남자

라-ㄴ싸두-웍쓰-　　유-　티-　나이　크랍

A　ร้านสะดวกซื้อ อยู่ ที่ ไหน ครับ

편의점은 어디에 있나요?

라-ㄴ싸두-웍쓰-　　유-　나이　나̂　로-ㅇ래-ㅁ　크랍

B　ร้านสะดวกซื้อ อยู่ ใน (หน้า) โรงแรม ครับ

편의점은 호텔 안(앞)에 있어요.

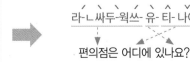 왕초보 팁!

❖ ~은 어디에 있나요?

장소/물건 + 유̀ + 티̂- + 나ǐ　➡️　라́-ㄴ싸두̂-웍쓰́- 유̀- 티̂- 나ǐ

편의점은 어디에 있나요?

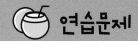

1. 태국어 쓰기 연습하기

🎧 Track 09-04

태국어 자음

	ฑ	한글 독음	‒ ‒ ‒ 터- 몬토-
		뜻	몬토[인명]

	ฒ	한글 독음	‾ ^ ^ 터- 푸-타오
		뜻	노인

2. 다음 중 올바른 문장 고르기

1

① 유- 티- 나이 라-ㄴ싸두-웍쓰- 크랍

อยู่ ที่ ไหน ร้านสะดวกซือ ครับ

② 유- 라-ㄴ싸두-웍쓰- 티- 나이 크랍

อยู่ ร้านสะดวกซื้อ ที่ ไหน ครับ

③ 라-ㄴ싸두-웍쓰- 유- 티- 나이 크랍

ร้านสะดวกซื้อ อยู่ ที่ ไหน ครับ

2

① 라-ㄴ싸두-웍쓰- 로-ㅇ래-ㅁ 유- 나- 크랍

ร้านสะดวกซื้อ โรงแรม อยู่ หน้า ครับ

② 라-ㄴ싸두-웍쓰- 유- 나- 로-ㅇ래-ㅁ 크랍

ร้านสะดวกซื้อ อยู่ หน้า โรงแรม ครับ

③ 로-ㅇ래-ㅁ 라-ㄴ싸두-웍쓰- 유- 나- 크랍

โรงแรม ร้านสะดวกซื้อ อยู่ หน้า ครับ

10강
화장실은 어떻게 가나요?

• 학습 목표 •

■ 길을 물을 수 있다.

■ 장소를 묻고 답할 수 있다.

오늘의 단어

태국어	독음	뜻
ห้องน้ำ	허-ᄋ남(나-ᄆ)	화장실
ไป	빠이	가다
ตรง	뜨롱	곧장, 똑바로
และ	래	그리고
เลี้ยว	리여우	돌다
ขวา	콰-	오른(쪽)

* น้ำ '남'은 본래 단모음이지만 합성어로서 마지막에 쓰일 때는 '나-ᄆ'으로 장모음처럼 발음됩니다.

» 길 묻고 답하기

🎧 Track 10-02

영미

ˇ커-토-ㅅ ^카   ^허-ˇ이남 –빠이 야ˋ-ˇ이라이 ´카

ขอโทษ ค่ะ ห้องน้ำ ไป อย่างไร คะ

실례합니다. 화장실은 어떻게 가나요?

쏨차이

–뜨롱 –빠이 ´래   ´리여우 ˇ콰   ´크랍

ตรง ไป และ เลี้ยว ขวา ครับ

곧장 가셔서 우회전하시면 됩니다.

핵심 포인트

❖ **길 묻기**

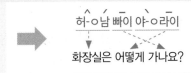

장소 + 동사 + 어떻게 ➡ 허-ˇ이남 빠이 야ˋ-ˇ이라이

화장실은 어떻게 가나요?

🎧 Track 10-03

» 성별을 구분하여 연습하기

 여자

ˇ ˆ ˆ ^ — ˋ ˆ
커-토-ㅅ 카 허-ㅇ남 빠이 야-ㅇ라이 카

A ขอโทษ ค่ะ ห้องน้ำ ไป อย่างไร คะ

실례합니다. 화장실은 어떻게 가나요?

— / / / ˇ ˆ
뜨롱 빠이 래 리여우 콰 카

B ตรง ไป และ เลี้ยว ขวา ค่ะ

곧장 가셔서 우회전하시면 됩니다.

남자

ˇ ^ / ^ / — ˋ /
커-토-ㅅ 크랍 허-ㅇ남 빠이 야-ㅇ라이 크랍

A ขอโทษ ครับ ห้องน้ำ ไป อย่างไร ครับ

실례합니다. 화장실은 어떻게 가나요?

— — / / ˇ /
뜨롱 빠이 래 리여우 콰 크랍

B ตรง ไป และ เลี้ยว ขวา ครับ

곧장 가셔서 우회전하시면 됩니다.

🔺 **왕초보 팁!**

가다	ไป 빠이	우회전하다	เลี้ยว ขวา 리여우 콰-
직진하다	ตรง ไป 뜨롱 빠이	좌회전하다	เลี้ยว ซ้าย 리여우 싸-이

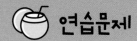
1. 태국어 쓰기 연습하기

🎧 Track 10-04

태국어 자음

		한글 독음	̄ ̄ 너- 네-ㄴ
	ณ	뜻	사미승

ณ ณ ณ ณ ณ

ณ ณ ณ ณ ณ

	ก	한글 독음	‾ ˋ 더 - 덱
		뜻	아이, 아동

2. 다음 중 올바른 문장 고르기

1

① 커̌-토̂-ㅅ 카̂ 빠̄이 허̂-ㅇ남́ 야̀-ㅇ라이 카̌

ขอโทษ ค่ะ ไป ห้องน้ำ อย่างไร คะ

② 허̂-ㅇ남́ 빠̄이 커̌-토̂-ㅅ 카̂ 야̀-ㅇ라이 카̌

ห้องน้ำ ไป ขอโทษ ค่ะ อย่างไร คะ

③ 커̌-토̂-ㅅ 카̂ 허̂-ㅇ남́ 빠̄이 야̀-ㅇ라이 카̌

ขอโทษ ค่ะ ห้องน้ำ ไป อย่างไร คะ

2

① 리여́우 콰̌ 뜨̄롱 래́ 빠̄이 크랍́

เลี้ยว ขวา ตรง และ ไป ครับ

② 뜨̄롱 래́ 크랍́ 리여́우 콰̌ 빠̄이

ตรง และ ครับ เลี้ยว ขวา ไป

③ 뜨̄롱 빠̄이 래́ 리여́우 콰̌ 크랍́

ตรง ไป และ เลี้ยว ขวา ครับ

11강
저 사람은 누구입니까?

- 의문사 '누구'를 사용하여 말할 수 있다.
- 소유격을 사용하여 말할 수 있다.

오늘의 단어

🎧 Track 11-01

태국어	독음	뜻
นี้	니-	이(지시형용사)
ใคร	크라이	누구
เพื่อน	프언	친구
ของ	커-ㅇ	~의(소유격)
โน้น	노-ㄴ	저(지시형용사)
คุณแม่	쿤매-	어머니

오늘의 회화

» 의문사 '누구' 사용하여 묻고 답하기

🎧 Track 11-02

영미

콘 니- 뻰 크라이 카

คน นี้ เป็น ใคร คะ

이 사람은 누구입니까?

쏨차이

콘 니- 뻰 프언 커-o 폼 크랍

คน นี้ เป็น เพื่อน ของ ผม ครับ

이 사람은 나의 친구입니다.

영미

콘 노-ㄴ 뻰 크라이 카

คน โน้น เป็น ใคร คะ

저 사람은 누구입니까?

쏨차이

콘 노-ㄴ 뻰 쿤매- 커-o 폼 크랍

คน โน้น เป็น คุณแม่ ของ ผม ครับ

저 사람(분)은 나의 어머니입니다.

🔺 **핵심 포인트**

❖ **의문사 '누구'**

주어 + 동사 + 크라이 ➡️ 콘 니- 뻰 크라이

이 사람은 누구입니까?

오늘의 회화 확장 연습

» 성별을 구분하여 연습하기

🎧 Track 11-03

 여자

A

콘 니- 뻰 크라이 카
คน นี้ เป็น ใคร คะ

이 사람은 누구입니까?

B

콘 니- 뻰 프언 커-ㅇ 디찬 카
คน นี้ เป็น เพื่อน ของ ดิฉัน ค่ะ

이 사람은 나의 친구입니다.

 남자

A

콘 노-ㄴ 뻰 크라이 크랍
คน โน้น เป็น ใคร ครับ

저 사람(분)은 누구입니까?

B

콘 노-ㄴ 뻰 쿤매 커-ㅇ 폼 크랍
คน โน้น เป็น คุณแม่ ของ ผม ครับ

저 사람(분)은 나의 어머니입니다.

🔺 왕초보 팁!

❖ 소유격

명사 + 커-ㅇ + 명사 ➡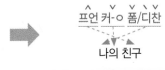

프언 커-ㅇ 폼/디찬
나의 친구

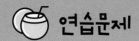

1. 태국어 쓰기 연습하기 🎧 Track 11-04

태국어 자음			
	๗	한글 독음	ˉ ˋ 떠- 따오
		뜻	거북이

	ถ	한글 독음	터˘-˘퉁
		뜻	봉지, 자루

ถ ถ ถ ถ ถ

ถ ถ ถ ถ ถ

2. 다음 중 올바른 문장 고르기

1
① 콘 니- 크라이 삔 카
คน นี้ ใคร เป็น คะ

② 삔 크라이 콘 니- 카
เป็น ใคร คน นี้ คะ

③ 콘 니- 삔 크라이 카
คน นี้ เป็น ใคร คะ

2
① 니- 콘 폼 커-ㅇ 프언 삔 크랍
นี้ คน ผม ของ เพื่อน เป็น ครับ

② 콘 니- 프언 커-ㅇ 폼 삔 크랍
คน นี้ เพื่อน ของ ผม เป็น ครับ

③ 콘 니- 삔 프언 커-ㅇ 폼 크랍
คน นี้ เป็น เพื่อน ของ ผม ครับ

12강
회의는 언제입니까?

• 학습 목표 •

- 의문사 '언제'를 사용하여 말할 수 있다.
- 시간부사를 사용하여 말할 수 있다.

오늘의 단어

Track 12-01

태국어	독음	뜻
เมื่อไร	므-어라이	언제
ประชุม	쁘라춤	회의(하다)
พรุ่งนี้	프룽니-	내일

» 의문사 '언제' 사용하여 묻고 답하기　　　　　Track 12-02

영미
므-어라이 미- 쁘라춤 카
เมื่อไร มี ประชุม คะ

회의는 언제입니까?

쏨차이
완니- 미- 쁘라춤 크랍
วันนี้ มี ประชุม ครับ

회의는 오늘입니다.

쏨차이
므-어라이 미- 쁘라춤 크랍
เมื่อไร มี ประชุม ครับ

회의는 언제입니까?

철수
미- 쁘라춤 프룽니- 크랍
มี ประชุม พรุ่งนี้ ครับ

회의는 내일입니다.

 핵심 포인트

❖ 언제

므̂-어라이 + 문장　　➡　　므̂-어라이 미- 쁘라춤
회의는 언제입니까?

» 성별을 구분하여 연습하기   ⊙ Track 12-03

 여자

A
므-어라이   미-   쁘라춤   카
เมื่อไร มี ประชุม คะ
회의는 언제입니까?

B
완니 미- 쁘라춤 카 / 미- 쁘라춤 프룽니- 카
วันนี้ มี ประชุม ค่ะ / มี ประชุม พรุ่งนี้ ค่ะ
회의는 오늘입니다. / 회의는 내일입니다.

 남자

A
므-어라이   미-   쁘라춤   크랍
เมื่อไร มี ประชุม ครับ
회의는 언제입니까?

B
완니- 미- 쁘라춤 크랍 / 미- 쁘라춤 프룽니- 크랍
วันนี้ มี ประชุม ครับ / มี ประชุม พรุ่งนี้ ครับ
회의는 오늘입니다. / 회의는 내일입니다.

🔺 왕초보 팁!

❖ 시간부사

그저께	เมื่อวานซืนนี้	므-어완-ㄴ쓰-ㄴ니-
어제	เมื่อวานนี้	므-어완-ㄴ니-
모레	มะรืนนี้	마르-ㄴ니-

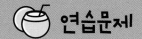 **연습문제**

1. 태국어 쓰기 연습하기

🎧 Track 12-04

태국어 자음

	ท	한글 독음	‾ ⁄ ˇ 터- 타하-ㄴ
		뜻	군인

ท   ท   ท   ท   ท

ท   ท   ท   ท   ท

	ธ	한글 독음	ᅳ ᅳ 터- 통
		뜻	깃발

ธ ธ ธ ธ ธ

ธ ธ ธ ธ ธ

2. 다음 중 올바른 문장 고르기

1

① 크랍 미- 므-어라이 쁘라춤

ครับ มี เมื่อไน ประชุม

② 므-어라이 미- 쁘라춤 크랍

เมื่อไร มี ประชุม ครับ

③ 므-어라이 크랍 쁘라춤

เมื่อไร ครับ ประชุม

2

① 크랍 미- 프룽니- 쁘라춤

ครับ มี พรุ่งนี้ ประชุม

② 프룽니- 미- 쁘라춤 크랍

พรุ่งนี้ มี ประชุม ครับ

③ 프룽니- 크랍 쁘라춤

พรุ่งนี้ ครับ ประชุม

13강
회의는 12시입니다.

• 학습 목표 •

- 시간을 묻고 답할 수 있다.
- 숫자 1~12까지 정확하게 읽을 수 있다.

오늘의 단어

🎧 Track 13-01

태국어	독음	뜻
กี่	끼-	몇
โมง	모-ㅇ	시
ตอน	떠-ㄴ	때
เที่ยง	티-양	정오, 12시

» 시간 묻고 답하기

Track 13-02

영미

미- 쁘라춤 끼- 모-ㅇ 카
มี ประชุม กี่ โมง คะ

회의는 몇 시입니까?

쏨차이

미- 쁘라춤 떠-ㄴ 티-양 크랍
มี ประชุม ตอน เที่ยง ครับ

회의는 12시입니다.

핵심 포인트

❖ **숫자 읽기**

1	หนึ่ง 능	7	เจ็ด 쩻
2	สอง 써-ㅇ	8	แปด 빼-ㅅ
3	สาม 싸-ㅁ	9	เก้า 까오
4	สี่ 씨-	10	สิบ 씹
5	ห้า 하-	11	สิบเอ็ด 씹엣
6	หก 혹	12	สิบสอง 씹써-ㅇ

» 성별을 구분하여 연습하기 🎧 Track 13-03

 여자

̄미- ̀쁘라 ̄춤   ̀끼- 모- ㅇ ́카

A มี ประชุม กี่ โมง คะ

회의는 몇 시입니까?

̄미- ̀쁘라 ̄춤   ̄떠-ㄴ 티^-양 ̂카

B มี ประชุม ตอน เที่ยง ค่ะ

회의는 12시입니다.

😊 남자

̄미- ̀쁘라 ̄춤   ̀끼- 모- ㅇ ́크랍

A มี ประชุม กี่ โมง ครับ

회의는 몇 시입니까?

̄미- ̀쁘라 ̄춤   ̄떠-ㄴ 티^-양 ́크랍

B มี ประชุม ตอน เที่ยง ครับ

회의는 12시입니다.

🔺 **왕초보 팁!**

❖ **시간 표현**

새벽(1-5시)	ตี 띠-	저녁(16-18시)	เย็น 옌
아침(6-11시)	เช้า 차오	밤(19-23시)	ทุ่ม 툼^
정오	เที่ยงวัน 티^-양 완	자정	เที่ยงคืน 티^-양 큰
오후(13-16시)	บ่าย 바̀-이		

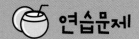 연습문제

1. 태국어 쓰기 연습하기

🎧 Track 13-04

태국어 자음

	หนู	한글 독음	ˉ ˇ 너- 누-
		뜻	쥐

หนู หนู หนู หนู หนู

หนู หนู หนู หนู หนู

	ง	한글독음	̄ ̄ ́버- 바이마이
		뜻	나뭇잎

ง ง ง ง ง

ง ง ง ง ง

2. 다음 중 올바른 문장 고르기

1

① 미- 쁘라춤 끼- 모-ㅇ 카
มี ประชุม กี่ โมง คะ

② 미- 끼- 쁘라춤 모-ㅇ 카
มี กี่ ประชุม โมง คะ

③ 미- 모-ㅇ 끼- 쁘라춤 카
มี โมง กี่ ประชุม คะ

2

① 쁘라춤 미- 떠-ㄴ 티-양 크랍
ประชุม มี ตอน เที่ยง ครับ

② 미- 떠-ㄴ 티-양 쁘라춤 크랍
มี ตอน เที่ยง ประชุม ครับ

③ 미- 쁘라춤 떠-ㄴ 티-양 크랍
มี ประชุม ตอน เที่ยง ครับ

14강
오늘은 12일입니다.

• 학습 목표 •

- 날짜를 묻고 답할 수 있다.
- 1~12월을 태국어로 말할 수 있다.

오늘의 단어   🎧 Track 14-01

태국어	독음	뜻
วันที่	완티-	일(날짜)
สิบสอง	씹써-ㅇ	12, 열둘
เมษายน	메-싸-욘	4월

오늘의 회화

»날짜 묻고 답하기

🎧 Track 14-02

영미

완니- 완티- 타오라이 카

วันนี้ วันที่ เท่าไร คะ

오늘은 며칠입니까?

쏨차이

완니- 완티- 씹써-ㅇ 크랍

วันนี้ วันที่ สิบสอง ครับ

오늘은 12일입니다.

....

쏨차이

완니- 완티- 타오라이 크랍

วันนี้ วันที่ เท่าไร ครับ

오늘은 며칠입니까?

철수

완니- 완티- 씹써-ㅇ 메-싸-욘 크랍

วันนี้ วันที่ สิบสอง เมษายน ครับ

오늘은 4월 12일입니다.

 핵심 포인트

❖ **날짜 표현**

시간부사 + 완티- 타오라이	시간부사 + 완티- + 숫자
완니- 완티- 타오라이	완니- 완티- 씹써-ㅇ
↓	↓ ↙
오늘은 며칠입니까?	오늘은 12일입니다.

» 성별을 구분하여 연습하기   🎧 Track 14-03

 여자

A
완니- 완티- 타오라이 카
วันนี้ วันที่ เท่าไร คะ
오늘은 며칠입니까?

B
완니- 완티- 씹써-ㅇ 메-싸-욘 카
วันนี้ วันที่ สิบสอง เมษายน ค่ะ
오늘은 4월 12일입니다.

남자

A
완니- 완티- 타오라이 크랍
วันนี้ วันที่ เท่าไร ครับ
오늘은 며칠입니까?

B
완니- 완티- 씹써-ㅇ 메-싸-욘 크랍
วันนี้ วันที่ สิบสอง เมษายน ครับ
오늘은 4월 12일입니다.

 왕초보 팁!

1월	มกราคม	목까라-콤	7월	กรกฎาคม	까라까다-콤
2월	กุมภาพันธ์	꿈파-판	8월	สิงหาคม	씽하-콤
3월	มีนาคม	미-나-콤	9월	กันยายน	깐야-욘
4월	เมษายน	메-싸-욘	10월	ตุลาคม	뚤라-콤
5월	พฤษภาคม	프르싸파-콤	11월	พฤศจิกายน	프르싸찌까-욘
6월	มิถุนายน	미투나-욘	12월	ธันวาคม	탄와-콤

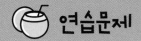

1. 태국어 쓰기 연습하기

🎧 Track 14-04

태국어 자음

	ป	한글 독음	‒ ‒ 뻐 쁠라‒
		뜻	물고기

태국어 자음

	ผ	한글 독음	ˇ ˆ 퍼 - 픙
		뜻	벌

ผ ผ ผ ผ ผ

ผ ผ ผ ผ ผ

2. 다음 중 올바른 문장 고르기

1

① 타오라이 완니- 완티- 카
เท่าไร วันนี้ วันที่ คะ

② 완니- 타오라이 완티- 카
วันนี้ เท่าไร วันที่ คะ

③ 완니- 완티- 타오라이 카
วันนี้ วันที่ เท่าไร คะ

2

① 완니- 씹써-ㅇ 완티- 크랍
วันนี้ สิบสอง วันที่ ครับ

② 완니- 완티- 씹써-ㅇ 크랍
วันนี้ วันที่ สิบสอง ครับ

③ 크랍 완티- 완니- 씹써-ㅇ
ครับ วันที่ วันนี้ สิบสอง

15강
저는 태국에 갈 것입니다.

• 학습 목표 •

■ 계획을 묻고 답할 수 있다.

■ 나라 이름(국명)을 말할 수 있다.

오늘의 단어 🎧 Track 15-01

태국어	독음	뜻
อาทิตย์	아-팃	주, 일주일
อาทิตย์หน้า	아-팃나-	다음 주
จะ	짜	~할 것이다(미래 조동사)
ทำ	탐	~을 하다
ไทย	타이	태국

» 계획 묻고 답하기

🎧 Track 15-02

영미

아-틷나- 쿤 짜 탐 아라이 카

อาทิตย์หน้า คุณ จะ ทำ อะไร คะ

당신은 다음 주에 무엇을 할 것입니까?

쏨차이

폼 짜 빠이 쁘라테-ㅅ 타이 크랍

ผม จะ ไป ประเทศ ไทย ครับ

저는 태국에 갈 것입니다.

쏨차이

아-틷나- 쿤 짜 탐 아라이 크랍

อาทิตย์หน้า คุณ จะ ทำ อะไร ครับ

당신은 다음 주에 무엇을 할 것입니까?

철수

폼 짜 빠이 쁘라테-ㅅ 까올리- 크랍

ผม จะ ไป ประเทศ เกาหลี ครับ

저는 한국에 갈 것입니다.

핵심 포인트

❖ **미래 조동사**

주어 + **짜** + 동사 ➡ 폼/디찬 짜 빠이

저는 갈 것입니다.

» 성별을 구분하여 연습하기

🎧 Track 15-03

 여자

ー ́ ^　　　 ́　 ̀　ー　 ̀ ́ ̀　́
아-틧나-　　쿤　짜　탐　아라이　카

A อาทิตย์หน้า คุณ จะ ทำ อะไร คะ

당신은 다음 주에 무엇을 할 것입니까?

ー ̀　 ̀　 ̀　　ー ̀-ㅅ　ー ̌　ー ̌-　 ^
디찬　짜　빠이　쁘라테-ㅅ　타이　까올리-　카

B ดิฉัน จะ ไป ประเทศ ไทย (เกาหลี) ค่ะ

저는 태국(한국)에 갈 것입니다.

👨 남자

ー ́ ^　　　 ́　 ̀　ー　 ̀ ́ ̀　́
아-틧나-　　쿤　짜　탐　아라이　크랍

A อาทิตย์หน้า คุณ จะ ทำ อะไร ครับ

당신은 다음 주에 무엇을 할 것입니까?

̌　 ̀　ー　　ー ̀-ㅅ　ー ̌　ー ̌-　́
폼　짜　빠이　쁘라테-ㅅ　타이　까올리-　크랍

B ผม จะ ไป ประเทศ ไทย (เกาหลี) ครับ

저는 태국(한국)에 갈 것입니다.

🧘 **왕초보 팁!**

❖ **나라 이름(국명)**

태국	ー타이 이 ไทย	일본	^이-뿐 ญี่ปุ่น	프랑스	̌화랑쎄-ㅅ ฝรั่งเศส		
대한민국	ー까올리- เกาหลี	중국	ー찌-ㄴ จีน	영국	̀앙끄릿 อังกฤษ		

![연습문제 coconut icon] **연습문제**

1. 태국어 쓰기 연습하기

🎧 Track 15-04

태국어 자음

	ฝ	한글 독음	ˇ ˇ 풔- 화-
		뜻	뚜껑, 마개

ฝ   ฝ   ฝ   ฝ   ฝ

ฝ   ฝ   ฝ   ฝ   ฝ

	ฒ	한글 독음	ˉ ˉ 퍼- 파-ㄴ
		뜻	쟁반

ฒ ฒ ฒ ฒ ฒ

ฒ ฒ ฒ ฒ ฒ

2. 다음 중 올바른 문장 고르기

1

① 폼 짜 빠이 쁘라테-ㅅ 타이 크랍
ผม จะ ไป ประเทศ ไทย ครับ

② 폼 짜 쁘라테-ㅅ 타이 빠이 크랍
ผม จะ ประเทศ ไทย ไป ครับ

③ 폼 빠이 짜 쁘라테-ㅅ 타이 크랍
ผม ไป จะ ประเทศ ไทย ครับ

2

① 쿤 짜 아-팃나 탐 아라이 크랍
คุณ จะ อาทิตย์หน้า ทำ อะไร ครับ

② 쿤 짜 탐 아-팃나 아라이 크랍
คุณ จะ ทำ อาทิตย์หน้า อะไร ครับ

③ 아-팃나 쿤 짜 탐 아라이 크랍
อาทิตย์หน้า คุณ จะ ทำ อะไร ครับ

16강
저는 대학생이 아닙니다.

· 학습 목표 ·

■ 부정문을 사용하여 말할 수 있다.

오늘의 단어

🎧 Track 16-01

태국어	독음	뜻
นักศึกษา	낙쓱싸-	대학생
หรือ	르-	~요? ~이요? (의문수식사 언어조사)
ไม่ใช่	마이차이	아니다
พนักงาน	파낙응아-ㄴ	직원, 책임

» 부정문으로 답하기   Track 16-02

철수

쿤   뻰   낙쏙싸-   르-   크랍

คุณ เป็น นักศึกษา หรือ ครับ

당신은 대학생입니까?

쏨차이

폼   마이차이   낙쏙싸-   크랍

ผม ไม่ใช่ นักศึกษา ครับ

저는 대학생이 아닙니다.

....

쑤다

쿤   뻰   파낙응아-ㄴ   르-   카

คุณ เป็น พนักงาน หรือ คะ

당신은 직원입니까?

영미

디찬   마이차이   파낙응아-ㄴ   카

ดิฉัน ไม่ใช่ พนักงาน ค่ะ

저는 직원이 아닙니다.

 핵심 포인트

❖ **부정문**

มาีไช่		체언술어문(~이다) 문장을 부정할 경우 '뻰' 자리에 '마이차이'를 사용하여 부정문 완성!

오늘의 회화 확장 연습

» 성별을 구분하여 연습하기　　　　　　　　　　　🎧 Track 16-03

 여자

쿤　뻰　낙쓱싸-　르-　카

A คุณ เป็น นักศึกษา หรือ คะ

당신은 대학생입니까?

디찬　마이차이　낙쓱싸-　카

B ดิฉัน ไม่ใช่ นักศึกษา ค่ะ

저는 대학생이 아닙니다.

😊 남자

쿤　뻰　파낙응아-ㄴ　르-　크랍

A คุณ เป็น พนักงาน หรือ ครับ

당신은 대학생입니까?

폼　마이차이　파낙응아-ㄴ　크랍

B ผม ไม่ใช่ พนักงาน ครับ

저는 직원이 아닙니다.

🧘 왕초보 팁!

❖ ~이 아니다

주어 + 마이차이 + 보어	➡	폼/디찬　마이차이　낙쓱싸-
		저는 대학생이 아닙니다.

1. 태국어 쓰기 연습하기

🎧 Track 16-04

태국어 자음

	ฟ	한글 독음	휘- 환
		뜻	이, 치아

	ฎ	한글 독음	– ˇ – 퍼- 쌈파오
		뜻	돛단배

2. 다음 중 올바른 문장 고르기

1

① 폼 마이차이 낙쓱싸- 크랍
ผม ไม่ใช่ นักศึกษา ครับ

② 폼 낙쓱싸- 마이차이 크랍
ผม นักศึกษา ไม่ใช่ ครับ

③ 폼 낙쓱싸- 크랍 마이차이
ผม นักศึกษา ครับ ไม่ใช่

2

① 쿤 르- 뻰 파낙응아-ㄴ 카
คุณ หรือ เป็น พนักงาน คะ

② 쿤 파낙응아-ㄴ 뻰 카 르-
คุณ พนักงาน เป็น คะ หรือ

③ 쿤 뻰 파낙응아-ㄴ 르- 카
คุณ เป็น พนักงาน หรือ คะ

17강
너는 똠양꿍을 좋아하니?

■ 의문문을 사용하여 말할 수 있다.

오늘의 단어

태국어	독음	뜻
ต้มยำกุ้ง	ꞈ – ꞈ 똠얌꿍	똠얌꿍 [태국 음식 이름]
ผัดไทย	ꜛ – 팟타이	팟타이 [태국 음식 이름]

» 의문문 사용하여 묻고 답하기 🎧 Track 17-02

쏨차이

쿤　처-ㅂ　똠얌꿍　마이

คุณ ชอบ ต้มยำกุ้ง ไหม

너는 똠얌꿍을 좋아하니?

철수

폼　처-ㅂ　똠얌꿍

ผม ชอบ ต้มยำกุ้ง

나는 똠얌꿍을 좋아해.

....

쑤다

쿤　처-ㅂ　팟타이　마이

คุณ ชอบ ผัดไทย ไหม

너는 팟타이를 좋아하니?

영미

디찬　처-ㅂ　팟타이

ดิฉัน ชอบ ผัดไทย

나는 팟타이를 좋아해.

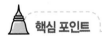 **핵심 포인트**

❖ **의문문**

주어 + 술어 + 목적어 + 마이	⟹	

» 성별을 구분하여 연습하기   ⊙ Track 17-03

 여자

쿤   처-ㅂ   똠얌꿍   마이

A   คุณ ชอบ ต้มยำกุ้ง ไหม

너는 똠얌꿍을 좋아하니?

디찬   처-ㅂ   똠얌꿍

B   ดิฉัน ชอบ ต้มยำกุ้ง

나는 똠얌꿍을 좋아해.

😀 남자

쿤   처-ㅂ   팟타이   마이

A   คุณ ชอบ ผัดไทย ไหม

너는 팟타이를 좋아하니?

폼   처-ㅂ   팟타이

B   ผม ชอบ ผัดไทย

나는 팟타이를 좋아해.

 왕초보 팁!

❖ 의문조사 마이

의문조사 ไหม (마이)는 과거, 부정의문문에 사용할 수 없다.

1. 태국어 쓰기 연습하기

Track 17-04

태국어 자음

	ม	한글 독음	머- 마-
		뜻	말

ม   ม   ม   ม   ม

ม   ม   ม   ม   ม

	ยฺ	한글 독음	‾ ′ 여- 약
		뜻	도깨비

ยฺ ยฺ ยฺ ยฺ ยฺ

ยฺ ยฺ ยฺ ยฺ ยฺ

2. 다음 중 올바른 문장 고르기

1

① <ruby>폼<rt>ㆍ</rt></ruby> <ruby>마이<rt>ㆍ</rt></ruby> <ruby>처-ㅂ<rt>^</rt></ruby> <ruby>똠얌꿍<rt>^—^</rt></ruby>
ผม ไหม ชอบ ต้มยำกุ้ง

② <ruby>쿤<rt>—</rt></ruby> <ruby>처-ㅂ<rt>^</rt></ruby> <ruby>똠얌꿍<rt>^^^</rt></ruby> <ruby>마이<rt>ㆍ</rt></ruby>
คุณ ชอบ ต้มยำกุ้ง ไหม

③ <ruby>폼<rt>ㆍ</rt></ruby> <ruby>처-ㅂ<rt>^</rt></ruby> <ruby>똠얌꿍<rt>^—^</rt></ruby>
ผม ชอบ ต้มยำกุ้ง

2

① <ruby>디찬<rt>``</rt></ruby> <ruby>처-ㅂ<rt>^</rt></ruby> <ruby>팟타이<rt>`—</rt></ruby>
ดิฉัน ชอบ ผัดไทย

② <ruby>디찬<rt>``</rt></ruby> <ruby>팟타이<rt>`—</rt></ruby> <ruby>처-ㅂ<rt>^</rt></ruby>
ดิฉัน ผัดไทย ชอบ

③ <ruby>팟타이<rt>`—</rt></ruby> <ruby>디찬<rt>``</rt></ruby> <ruby>처-ㅂ<rt>^</rt></ruby>
ผัดไทย ดิฉัน ชอบ

18강
태국은 한국보다 덥다.

• 학습 목표 •

■ 비교급을 사용하여 말할 수 있다.

오늘의 단어

🎧 Track 18-01

태국어	독음	뜻
กว่า	꽈-	~보다
อบอุ่น	옵운	따뜻하다

오늘의 회화

» **비교급 사용하여 묻고 답하기** 🎧 Track 18-02

영미

ˋ ^ ─ ́ ˋ ˋ ^ ─ ˇ ́
쁘라테-ㅅ   타이   러-ㄴ   꽈-   쁘라테-ㅅ   까올리-   르-   카

ประเทศ ไทย ร้อน กว่า ประเทศ เกาหลี หรือ คะ

태국은 한국보다 덥습니까?

쏨차이

ˋ ^ ─ ́ ˋ ˋ ^ ─ ˇ ́
쁘라테-ㅅ   타이   러-ㄴ   꽈-   쁘라테-ㅅ   까올리-   크랍

ประเทศ ไทย ร้อน กว่า ประเทศ เกาหลี ครับ

태국은 한국보다 덥습니다.

....

쏨차이

ˋ ^ ─ ́ ˋ ˋ ^ ─ ˇ ́
쁘라테-ㅅ   타이   러-ㄴ   꽈-   쁘라테-ㅅ   까올리-   르-   크랍

ประเทศ ไทย ร้อน กว่า ประเทศ เกาหลี หรือ ครับ

태국은 한국보다 덥습니까?

철수

ˋ ^ ─ ˋ ˋ ˋ ˋ ^ ─ ˇ ́
쁘라테-ㅅ   타이   옵운   꽈-   쁘라테-ㅅ   까올리-   크랍

ประเทศ ไทย อบอุ่น กว่า ประเทศ เกาหลี ครับ

태국은 한국보다 따뜻합니다.

핵심 포인트

❖ **비교급**

주어 + 수식어 + 꽈- + 비교 대상

쁘라테-ㅅ 타이 러-ㄴ 꽈- 쁘라테-ㅅ 까올리-

태국은 한국보다 덥습니다.

» 성별을 구분하여 연습하기   🎧 Track 18-03

 여자

쁘라테^-ㅅ 타이 러-ㄴ 꽈 쁘라테^-ㅅ 까올리- 르- 카

A ประเทศ ไทย ร้อน กว่า ประเทศ เกาหลี หรือ คะ

태국은 한국보다 덥습니까?

쁘라테^-ㅅ 타이 러-ㄴ 옵운 꽈- 쁘라테^-ㅅ 까올리- 카

B ประเทศ ไทย ร้อน (อบอุ่น) กว่า ประเทศ เกาหลี ค่ะ

태국은 한국보다 덥습니다(따뜻합니다).

 남자

쁘라테^-ㅅ 타이 러-ㄴ 꽈- 쁘라테^-ㅅ 까올리- 르- 크랍

A ประเทศ ไทย ร้อน กว่า ประเทศ เกาหลี หรือ ครับ

태국은 한국보다 덥습니까?

쁘라테^-ㅅ 타이 러-ㄴ 옵운 꽈- 쁘라테^-ㅅ 까올리- 크랍

B ประเทศ ไทย ร้อน (อบอุ่น) กว่า ประเทศ เกาหลี ครับ

태국은 한국보다 덥습니다(따뜻합니다).

🧘 왕초보 팁!

❖ ~의 날씨

아-까-ㅅ + 나라 이름(국명)

아-까-ㅅ 쁘라테^-ㅅ 타이 뻰 야-ㅇ라이 크랍

태국의 날씨는 어때요?

1. 태국어 쓰기 연습하기

🎧 Track 18-04

태국어 자음

	ฎ	한글 독음	ᅳ ᅳ 러- 르-어
		뜻	배

	ล	한글 독음	‾ ‾ 러- 링
		뜻	원숭이

ล ล ล ล ล

ล ล ล ล ล

2. 다음 중 올바른 문장 고르기

1

① 쁘라테-ㅅ 타이 꽈- 러-ㄴ 쁘라테-ㅅ 까올리- 르- 카
ประเทศ ไทย กว่า ร้อน ประเทศ เกาหลี หรือ คะ

② 쁘라테-ㅅ 타이 쁘라테-ㅅ 까올리- 러-ㄴ 꽈- 르- 카
ประเทศ ไทย ประเทศ เกาหลี ร้อน กว่า หรือ คะ

③ 쁘라테-ㅅ 타이 러-ㄴ 꽈- 쁘라테-ㅅ 까올리- 르- 카
ประเทศ ไทย ร้อน กว่า ประเทศ เกาหลี หรือ คะ

2

① 쁘라테-ㅅ 타이 꽈- 쁘라테-ㅅ 까올리- 러-ㄴ 크랍
ประเทศ ไทย กว่า ประเทศ เกาหลี ร้อน ครับ

② 쁘라테-ㅅ 타이 쁘라테-ㅅ 까올리- 꽈- 러-ㄴ 크랍
ประเทศ ไทย ประเทศ เกาหลี กว่า ร้อน ครับ

③ 쁘라테-ㅅ 타이 러-ㄴ 꽈- 쁘라테-ㅅ 까올리- 크랍
ประเทศ ไทย ร้อน กว่า ประเทศ เกาหลี ครับ

19강
태국과 베트남은 서로 똑같이 덥습니다.

• 학습 목표 •

■ 동급을 사용하여 말할 수 있다.

오늘의 단어 🎧 Track 19-01

태국어	독음	뜻
กับ	ˋ깝	~와(과)
เวียดนาม	^위-얏나-ㅁ	베트남
เหมือน	ˇ므-언	똑같다
กัน	-깐	같이, 서로, 함께

» 동급 사용하여 답하기 Track 19-02

영미
쁘라테-ㅅ   타이   아-까-ㅅ   뻰   야-ㅇ라이   카

ประเทศ ไทย อากาศ เป็น อย่างไร คะ

태국 날씨는 어떻습니까?

쏨차이
쁘라테-ㅅ   타이   러-ㄴ   마-ㄱ   크랍

ประเทศ ไทย ร้อน มาก ครับ

태국은 매우 덥습니다.

쁘라테-ㅅ   타이   깝   쁘라테-ㅅ   위-얏나-ㅁ   러-ㄴ

ประเทศ ไทย กับ ประเทศ เวียดนาม ร้อน

므-언   깐   크랍

เหมือน กัน ครับ

태국과 베트남은 서로 똑같이 덥습니다.

핵심 포인트

❖ **동급 표현**

A + 깝 + B + 므-언/타오/디-여우

쁘라테-ㅅ 타이 깝 쁘라테-ㅅ 위얏나-ㅁ 러-ㄴ 므언 깐

태국과 베트남은 서로 똑같이 덥다.

เท่า 타오	수량, 상태가 같을 경우
เดียว 디-여우	완전 동일할 경우

» 성별을 구분하여 연습하기   🎧 Track 19-03

 여자

A
쁘라테-ㅅ　타이　아-까-ㅅ　뻰　야-ㅇ라이　카

ประเทศ ไทย อากาศ เป็น อย่างไร คะ

태국 날씨는 어떻습니까?

B
쁘라테-ㅅ　타이　깝　쁘라테-ㅅ　위-얏나-ㅁ　러-ㄴ

ประเทศ ไทย กับ ประเทศ เวียดนาม ร้อน

므-언　깐　카

เหมือน กัน ค่ะ

태국과 베트남은 서로 똑같이 덥습니다.

👦 남자

A
쁘라테-ㅅ　타이　아-까-ㅅ　뻰　야-ㅇ라이　크랍

ประเทศ ไทย อากาศ เป็น อย่างไร ครับ

태국 날씨는 어떻습니까?

B
쁘라테-ㅅ　타이　깝　쁘라테-ㅅ　위-얏나-ㅁ　러-ㄴ

ประเทศ ไทย กับ ประเทศ เวียดนาม ร้อน

므-언　깐　크랍

เหมือน กัน ครับ

태국과 베트남은 서로 똑같이 덥습니다.

1. 태국어 쓰기 연습하기

Track 19-04

태국어 자음

	ฎ	한글 독음	‒ ˇ 워- 왜-ㄴ
		뜻	반지

	ศ	한글독음	ˇ ˇ ー 써- 싸-ㄹ라
		뜻	정자

2. 다음 중 올바른 문장 고르기

1

① 쁘라테-ㅅ 타-이 야-ㅇ라-이 뻰 아-까-ㅅ 크랍

ประเทศ ไทย อย่างไร เป็น อากาศ ครับ

② 타-이 쁘라테-ㅅ 아-까-ㅅ 야-ㅇ라-이 뻰 크랍

ไทย ประเทศ อากาศ อย่างไร เป็น ครับ

③ 쁘라테-ㅅ 타-이 아-까-ㅅ 뻰 야-ㅇ라-이 크랍

ประเทศ ไทย อากาศ เป็น อย่างไร ครับ

2

① 쁘라테-ㅅ 타-이 쁘라테-ㅅ 위-얏나-ㅁ 깝 러-ㄴ

ประเทศ ไทย ประเทศ เวียดนาม กับ ร้อน

므-언 깐 크랍

เหมือน กัน ครับ

② 쁘라테-ㅅ 타-이 깝 쁘라테-ㅅ 러-ㄴ 므-언

ประเทศ ไทย กับ ประเทศ ร้อน เหมือน

위-얏나-ㅁ 깐 크랍

เวียดนาม กัน ครับ

③ 쁘라테-ㅅ 타-이 깝 쁘라테-ㅅ 위-얏나-ㅁ 러-ㄴ

ประเทศ ไทย กับ ประเทศ เวียดนาม ร้อน

므-언 깐 크랍

เหมือน กัน ครับ

20강
똠얌꿍이 제일 맛있어요.

■ 최상급을 사용하여 말할 수 있다.

오늘의 단어

🎧 Track 20-01

태국어	독음	뜻
อาหาร	아-하ˇㄴ	음식
อร่อย	아러ˋ-이	맛있다
ที่สุด	티-쑷	가장, 제일

오늘의 회화

» 최상급 사용하여 묻고 답하기

쏨차이

아-하-ㄴ　아라이　아러-이　티-쑷　크랍

아าหาร อะไร อร่อย ที่สุด ครับ

무슨 음식이 제일 맛있어요?

철수

아-하-ㄴ　타이　아러-이　크랍

อาหาร ไทย อร่อย ครับ

태국 음식이 맛있어요.

똠얌꿍　아러-이　티-쑷　크랍

ต้มยำกุ้ง อร่อย ที่สุด ครับ

똠얌꿍이 제일 맛있어요.

🔺 **핵심 포인트**

❖ **최상급**

$$수식어 + 티-쑷$$　　➡️

똠얌꿍 아러-이 티-쑷
ต้มยำกุ้ง อร่อย ที่สุด
똠얌꿍이 제일 맛있다.

» **성별을 구분하여 연습하기**

🎧 Track 20-03

 여자

A
아-하-ㄴ　아라이　아러-이　티-쑷　카
อาหาร อะไร อร่อย ที่สุด คะ

무슨 음식이 제일 맛있어요?

B
아-하-ㄴ　타이　　똠얌꿍　　아러-이　티-쑷　카
อาหาร ไทย (ต้มยำกุ้ง) อร่อย ที่สุด ค่ะ

태국 음식(똠얌꿍)이 제일 맛있어요.

 남자

A
아-하-ㄴ　아라이　아러-이　티-쑷　크랍
อาหาร อะไร อร่อย ที่สุด ครับ

무슨 음식이 제일 맛있어요?

B
아-하-ㄴ　타이　　똠얌꿍　　아러-이　티-쑷　크랍
อาหาร ไทย (ต้มยำกุ้ง) อร่อย ที่สุด ครับ

태국 음식(똠얌꿍)이 제일 맛있어요.

🧘 **왕초보 팁!**

❖ **여러 나라 음식**

한국 음식	อาหารเกาหลี 아-하-ㄴ까올리-	서양 음식	อาหารฝรั่ง 아-하-ㄴ화랑
일본 음식	อาหารญี่ปุ่น 아-하-ㄴ이-뿐	중국 음식	อาหารจีน 아-하-ㄴ찌-ㄴ

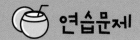
1. 태국어 쓰기 연습하기

~ 🎧 Track 20-04

태국어 자음			
	ฦๅ	한글 독음	ˇ − ˇ 써- 르-씨-
		뜻	수도자

	ส	한글 독음	ˇ ˇ 써- 쓰어
		뜻	호랑이

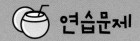
1. 태국어 쓰기 연습하기

🎧 Track 20-05

태국어 자음

	ห	한글 독음	ˇ ˋ 허- 히-ㅂ
		뜻	상자

	ฬ	한글 독음	– ＼ – 러- 쭈라-
		뜻	연 이름

ฬ ฬ ฬ ฬ ฬ

ฬ ฬ ฬ ฬ ฬ

연습문제

1. 태국어 쓰기 연습하기

Track 20-06

태국어 자음

	อ	한글 독음	‾ ㆍ 어-아ㅇ
		뜻	대야

อ   อ   อ   อ   อ

อ   อ   อ   อ   อ

		한글 독음	﹣ ／ ＾ 허- 눅후-ㄱ
	ฮ	뜻	부엉이

ฮ ฮ ฮ ฮ ฮ

ฮ ฮ ฮ ฮ ฮ

2. 다음 중 올바른 문장 고르기

1

① 아라이 아–하–ㄴ 티–쑷 아러–이 크랍
อะไร อาหาร ที่สุด อร่อย ครับ

② 아–하–ㄴ 아라이 아러–이 티–쑷 크랍
อาหาร อะไร อร่อย ที่สุด ครับ

③ 아라이 아–하–ㄴ 아러–이 티–쑷 크랍
อะไร อาหาร อร่อย ที่สุด ครับ

2

① 아러–이 티–쑷 똠얌꿍 크랍
อร่อย ที่สุด ต้มยำกุ้ง ครับ

② 똠얌꿍 아러–이 티–쑷 크랍
ต้มยำกุ้ง อร่อย ที่สุด ครับ

③ 아러–이 크랍 똠얌꿍 티–쑷
อร่อย ครับ ต้มยำกุ้ง ที่สุด

태국어
왕초보 탈출 1탄
THAI LANGUAGE

★ 정답 ★

★ 단어 카드 ★

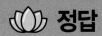

정답

■ 1강 ································ 30p	■ 11강 ································ 90p
1. ① **2.** ① **3.** ①	**1.** ③ **2.** ③

■ 2강 ································ 36p	■ 12강 ································ 96p
1. ① **2.** ② **3.** ②	**1.** ② **2.** ②

■ 3강 ································ 42p	■ 13강 ································ 102p
1. ② **2.** ②	**1.** ① **2.** ③

■ 4강 ································ 48p	■ 14강 ································ 108p
1. ③ **2.** ③	**1.** ③ **2.** ②

■ 5강 ································ 54p	■ 15강 ································ 114p
1. ② **2.** ③	**1.** ① **2.** ③

■ 6강 ································ 60p	■ 16강 ································ 120p
1. ③ **2.** ③	**1.** ① **2.** ③

■ 7강 ································ 66p	■ 17강 ································ 126p
1. ① **2.** ②	**1.** ② **2.** ①

■ 8강 ································ 72p	■ 18강 ································ 132p
1. ① **2.** ③	**1.** ③ **2.** ③

■ 9강 ································ 78p	■ 19강 ································ 138p
1. ③ **2.** ②	**1.** ③ **2.** ③

■ 10강 ································ 84p	■ 20강 ································ 148p
1. ③ **2.** ③	**1.** ② **2.** ②

단어 카드

단어 카드를 절취선에 따라 자른 후, 휴대하며 외워보세요!

1탄-1강

สวัสดี

싸왓디-

안녕

1탄-1강

ค่ะ

카

평서문 어조사(여성)

1탄-1강

ครับ

크랍

평서문 어조사(남성)

1탄-1강

ผม

폼

나, 저(남성)

1탄-1강

ดิฉัน

디찬

나, 저(여성)

1탄-2강

คุณ

쿤

당신, ~씨

เป็น

뻰

~이다

อะไร

아라̄이

무엇, 어느

สบาย

싸바̄이

편안하다

ดี

디̄-

좋다

ไม่

마̂이

아니다

อยู่

유̀-

있다

ที่

티̂-

~에(장소)

ไหน

나̌이

어디

1탄-5강

ชอบ

처-ㅂ

좋아하다

1탄-5강

ตี

띠-

치다, 때리다

1탄-5강

กอล์ฟ

꺼-ㅂ

골프

1탄-6강

นี่

니-

이, 이것(지시대명사)

1탄-6강

เท่าไร

타오라이

얼마

1탄-7강

ช้าง

차-o

코끼리

1탄-7강

ตัว

뚜-워

마리[동물의 유별사]

1탄-7강

ใหญ่

야이

크다

วันนี้

완니-

오늘

อากาศ

아-까ㅅ

날씨

ร้อน

러-ㄴ

덥다, 뜨겁다

ร้านสะดวกซื้อ

라-ㄴ 싸두-웍쓰-

편의점

ใน

나이

~안(에)

โรงแรม

로-ㅇ래-ㅁ

호텔

ห้องน้ำ

허-ㅇ남

화장실

ไป

빠이

가다

นี้

นิ-

이(지시형용사)

ใคร

크라이

누구

ของ

커-ㅇ

~의(소유격)

โน้น

노-ㄴ

저(지시형용사)

เมื่อไร

므-어라이

언제

ประชุม

쁘라춤

회의

กี่

끼-

몇

โมง

모-ㅇ

시

วันที่

완티-

일(날짜)

จะ

짜

~할 것이다(미래 조동사)

ทำ

탐

~을 하다

ไทย

타-이

태국

นักศึกษา

낙쓱싸-

대학생

หรือ

르-

~요? ~이요?
(의문수식사 언어조사)

ไม่ใช่

마̂이차̂이

아니다

ต้มยำกุ้ง

똠얌꿍

똠얌꿍
[태국 음식 이름]

1탄-18강

กว่า

꽈-

~보다

1탄-18강

อบอุ่น

옵운

따뜻하다

1탄-19강

กับ

깝

~와(과)

1탄-19강

เหมือน

므-언

똑같다

1탄-19강

กัน

깐

같이, 서로, 함께

1탄-20강

อาหาร

아-하-ㄴ

음식

1탄-20강

อร่อย

아러-이

맛있다

1탄-20강

ที่สุด

티-쑷

가장, 제일